JN438903

엄마라는 이름으로

박효석 22시집

엄마라는 이름으로

그림과책

■ 시인의 말

칠팔 년 전 어느 종교 단체에서 어머니에 대한 정의를 물었을 때 어머니는 이 세상에서 가장 위대한 종교라고 답한 적이 있습니다. 지금도 그 답에는 변함이 없습니다. 이 세상에서 어머니만큼 신뢰할 수 있고 사랑할 수 있는 종교는 없으니까요.

어머니는 사랑과 헌신이 살아있는 실체이기에 어머니를 믿는 믿음에 있어서는 이 세상을 살아가는 내내 한 치의 의심도 든 적이 없는 가장 확고한 신앙이 아니었나 생각됩니다.

이번 시집은 50년 전에 발표했던 어머니에 관한 시부터 가장 최근에 쓴 어머니에 대한 시에 이르기까지 어머니에 관한 시만 한데 묶어 어머니의 한없는 사랑과 헌신을 세상과 함께 호흡하는 의미에서 시집을 간행하게 되었습니다.

이번 시집에는 그동안 과분하게도 60만 명이 넘는 분들로부터 뜨거운 사랑을 받고 있는 작품을 비롯하여 전국적으로 관심을 받고 있는 작품들과 본인이 애정을 갖고 있는 작품들이 수록되어 있어 이번 시집이 저에게는 아주 특별한 시집이라 할 수 있을 것입니다.

저는 사실 제가 태어난 지 37개월 되는 때에 6.25전쟁으로 부모를 여의었기에 어머니에 대한 기억이 전무한 관계로 어머니에 관한 시를 쓰지 못하다가 장모님을 모시고 살면서 조금씩 어머니에 관한 시를 쓰기 시작하였는데 그렇기에 제 작품 속에 표현된 어머니는 개인적인 어머니의 모습보다는 보편적인 어머니의 모습이 많이 나타나 있지 않나 생각합니다.

요즘은 아내를 통해서도 어머니의 이미지를 많이 발견하곤 합니다. 자식들을 한시도 가슴에서 내려놓지 못하는 아내를 보면서 어머니라는 천성은 천륜의 대물림이 아닌가 하는 생각이 듭니다.

어떻게 보면 어머니의 한없는 사랑과 헌신이 우둔해 보일는지 모르지만 이 세상에서 대가를 바라지 않고 베풀기만 하는 사랑과 헌신은 오로지 어머니뿐이 없기에 어머니는 종교 중의 최고의 종교라고 해도 과언이 아닐 것입니다.

아무쪼록 이 시집이 많은 사람들에게 마음의 공통분모가 되어 그리운 고향 같은 위로가 되길 바라면서 아내이면서 엄마라는 이름으로 살아가는 아내에게도 지금까지 엄마로 살아온 삶이 결코 헛되거나 우둔한 삶이 아니었다는 걸 확신하는 계기가 되었으면 합니다.

2018년 무더운 여름날에

박 효 석

차례

1부

2부

3부

4부

5부

1부

오래된 사과

사과가 오래되니
어머니의 얼굴
손등과 같이 쭈글쭈글
주름이 졌다

검은 버섯이 생기기도 하고
군데군데 짓무른 것이
꼭 어머니와 같다

짓무른 곳을 도려내며
남아있는 살을 먹다가
마치 어머니의
남은 生을 먹고 있는 것은 아닌지

먹고 있던 사과를
그만 놓아 버렸다

어머니의 미소같이
그래도 입안에 남아 있는
오래된 사과의 향기는
그윽했다

고등어자반을 먹다가

평생 동안 속을 다 내어주시고
세파에 절일 대로 절인
속 빈 몸까지
자식들을 위해서라면
한 점 남김없이 다 먹여주시던 어머니는
마치 고등어자반과도 같아

고등어자반을 먹다가
목에 걸린 고등어자반의 가시처럼
어머니의 한없던 사랑이 마음에 걸려
울컥,
울컥,
울컥, ……

미처 넘기지 못하고 있는
어머니의 사랑

설거지통

설거지통처럼
가족들의 때 묻은 일상들을
언제나 다 어머니 마음에 담으시고는
밤낮으로 목숨 다하는 날까지
사랑으로 깨끗이 닦아 주시느라
마음이 짓무르지 않는 날이 없으셨던
어머니처럼

이젠 손발이 짓무르지 않는 날이 없는
아내의 마음을 보며
이제부터라도 내 일상만큼은
아내의 마음에 담가놓지 않으려고
시시각각 내 마음을 깨끗이 설거지하려고
눈치 보고 있네

밥심

화분을 분갈이할 때마다
거름흙을 듬뿍 줄 때면
사람은 밥심이 있어야
세상에 나가 힘을 내고 살 수 있다고 말씀하시던
어머니의 모습이 떠오른다

식사 때마다 수북이 고봉밥을 주시곤
밥알 하나 남기지 않고
맛있게 잘 먹나 안 먹나
늘 곁에 앉아 지켜보시던 어머니

밥알 하나 남기지 않고 밥그릇을 싹싹 비울 때면
마냥 흐뭇해하시던 어머니의 모습이
거름흙을 듬뿍 준 화초를 바라보면서
흐뭇해하는 내 미소 속
유전처럼 되살아나는 것 같아

어머니가 내가 건강하게 잘 자라 행복하길
늘 염원했듯
부디 화초가 병충해 없이 잘 자라
꽃이 주렁주렁 만발하길 기원해본다

어머니의 사랑

수시로 옆집 과일가게에 가서 일을 도와주고는
흠집 난 사과를 얻어오거나
거저 얻어오다시피 싼값으로 사갖고 오시는 날이면
자식들 먹일 생각에
사과 향내 나는 그윽한 미소를 얼굴 가득 지우시며
마냥 흐뭇해하시던
어머니의 사랑이 사무치도록 그리워지는 날이면

흠집 난 사과를 듬뿍 사 가지고 와
냉장고에 가득가득 채워 넣고는
평생을 병으로 몸 성한 곳이 한 군데도 없으셨던
어머니 같던 흠집 난 사과를 한 입 한 입 깨물어 먹으며
어머니 생전의 모습을 한 장면 한 장면 떠올리다 보면
온몸으로 번지는
어머니의 사과 향내 나는 사랑으로

나도 모르는 새
내 얼굴 가득 번져있는
어머니의 그윽한 미소

미역국

생일날
미역국을 먹으면
바닷물 속에서 하늘하늘 춤추듯 유영하던 미역같이
어머니의 한없는 사랑의 물로 꽉 찬 양수 속에서
부유하던 내 모습이 떠올라
그때로 되돌아가고 싶은 마음에
지금은 이 세상에 안 계신
어머니의 환영의 품속에 푹 안긴다

어머니는 그때마다
사랑이 가득한 미소를 그윽이 지으시며
탯줄을 잘라내듯
나를 어머니의 사랑의 분신으로 만드시어
나의 아들딸을
어머니의 한없는 사랑 같은 사랑으로
사랑하도록 만드시는 어머니

생일날
미역국을 먹으면
어머니의 사랑을 한없이 먹는 것 같아
나의 아들딸에게도 많이 먹으라고
듬뿍듬뿍 미역국을 떠준다

변기

똥오줌은 물론 구토 등
온갖 배설물을 다 받아내던 변기가 막히니
불편한 게 한두 가지가 아니다

어머니가 중환자실에서
의식이 들어왔다 나갔다 투병 중이실 때
그칠 줄 모르고 쌓여가는 집안의 먼지와
빨래하지 못한 옷가지들이 너저분하게 쌓여가
깨끗이 닦지 못한 식구들의 마음이
오래도록 께름칙했었던 것처럼

막힌 변기가 시원하게 뻥~
좀처럼 뚫리질 않아
똥냄새는 물론 썩은 악취가
집안을 진동하는 것을 보면

평소 온갖 지저분한 것을 다 받아낸다고 하여
안중에도 없던 변기의 소중함이
절실하게 다가오는 것처럼
평생 가족들의 궂은일이라면 마다않고 다 안고 사
셨던

어머니의 애틋한 사랑을 잊고 살아온 것만 같아

막힌 변기를 뻥~ 뚫으며
막힌 가슴도 시원해질 때까지 뚫어본다

나무 그늘2

살랑살랑 바람이 불 때마다
나뭇잎들이 춤추듯 팔랑팔랑거리면
나뭇잎들을 눈부시게 반짝여주던 햇살들이
반짝반짝 나무 밑으로 쏟아져선
마치 어머니의 환한 미소 같은
시원한 그늘이 되는
나무 그늘

김장독을 땅속 깊이 묻으며

한겨울 땅속에 묻힌
김장독의 김치들이 잘 숙성되어
겨우내 입맛을 돋워주는 것 같이

살벌한 세상을 살기 버거워할 때마다
땅속에 묻히신 어머니가
눈물겨운 사랑으로 이 세상에서 사셨던 세월들이
잔잔한 훈훈함으로 다가와
혹독한 세상 추위 속에서도
세상 살맛을 북돋워 주는 걸 보면

어찌 보면 땅속에 묻힌다는 건
땅 위에서 살고 있는 사람들에게
세상을 잘 살아갈 수 있도록
숙성시켜 주기 위한 것은 아닌지

김장독을 땅속 깊이 묻으며
내가 땅속 깊이 묻힌 그 날을
떠올려본다

깊은 우물

미세먼지로 맑은 파란 하늘을
좀처럼 볼 수 없는 것처럼
요즘 들어 어머니의 환한 얼굴을
좀처럼 볼 수가 없어 마음이 아프다

마주 볼 때면 겉으로는 웃고 계신 것 같지만
깊은 우물 속을 맴도는 우울 같은 수심이
눈망울에 어리는 것 같아
어머니의 안색을 조심조심 살피며
깊은 우물 속에 내 마음의 두레박을 넣어
조심조심 우울을 퍼 올린다

어머니의 마음은 항상 마를 날이 없는
샘솟는 우물일 것이라고만 생각하여
퍼마시기에만 바빴던 우리 가족들

어머니의 젖꼭지가 말라비틀어지듯
샘이 솟아나지 않고
우물 속의 물이 점점 줄어들어
이젠 아무도 떠갈 수 없는 깊은 우물이 되었다고
점점 찾아오지 않는 자식들이

지금은 사용하지 않는 아주 오래된 폐우물처럼
뚜껑을 덮어 버릴까 봐
물이 바닥이 나지 않도록
자나 깨나 입김을 불고 있는
어머니의 깊은 우물

똥칠

어머니가 이 세상에 머물 시간이
얼마 안 남으셨는지
기척도 못 하시고
대소변도 못 가리신다

병원서 임대한 침대에 누우셔서
하루에도 수도 없이
차고 계신 오줌주머니에
소변을 흘리시고
차고 계신 기저귀에
변을 보신다

내가 갓난아기였을 때
어머니가 나의 대소변을 치워주셨던 것처럼
이젠 내가 갓난아기가 된
어머니의 대소변을 치워드린다

이따금 정신이 들어왔다 나갔다 할 때마다
어머니는 미안하신지
무의식중에도 대소변을 정리하시려고 애쓰시다가
마치 내가 갓난아기였을 때

내가 눈 똥을 손으로 주물럭거렸던 것처럼
이제 본인이 머물다 갈
얼마 남지 않은 이 세상의 구역을 표시해 놓으시려는지
이곳 저곳 침대에다 똥칠을 하신다

그런 어머니가 너무나 안쓰러워
사랑과 속죄의 눈물로 깨끗이 목욕시켜 드리면
어머니가 아기처럼 빙그레 웃으신다

사람은 늙어 이 세상을 떠날 때가 되면
다시 또 갓난아기로 돌아가나보다

중고서점에서

중고서점에 가면
몇십 년 전의 세월부터
가장 최근의 세월이 뒤엉켜내는
책 냄새에
아버지 어머니가 즐겨 읽었던 책들을 비롯하여
손주들이 앞으로 꼭 읽어야 할
책들을 둘러보게 된다

책들로 성벽을 이룬
세월을 따라가다 보면
그동안 까맣게 잊고 살았던 세월을
그곳에서 다시 만나는가 하면
이미 절판되어
절대 만날 수 없을 것 같았던 세월도
운 좋으면 만날 수 있는 중고서점에서
어머니 아버지가 애독하던 책들을 골라
설렘으로 사 가지고 오는 날이면

마치 어머니 아버지가 살아계시던 그때의 세월로
돌아간 것만 같아
꿈속에서도 어머니 아버지의 책 읽는 숨소리가
생시처럼 들려올 것 같다

수구레국밥집에서

이 세상에 태어나면서부터
성년이 될 때까지 어머니는
어머니의 한없이 부드러운 연한 살을
배불리 맛있게 먹으라고 아낌없이 다 내어주시곤
뼈 가죽만 남아
오늘내일 눈 감을 것 같은 그런 와중에서도
뼈 가죽 안에 겨우 붙어있을까 말까 한
수구레 같은 살까지도 발라 먹으라고 다 내어주시
고는
그것을 맛있게 발라먹고 있는 자식을
마냥 흐뭇하게 사랑으로 바라보시던
어머니의 모습이 떠오르는
수구레국밥집의 수구레 국밥이 펄펄 끓을 때면
마치 어머니의 눈물이 펄펄 끓는 것만 같아
차마 수구레국밥을 떠먹지 못하고
죄책감만 마음 가득가득 채우곤
돌아오곤 하였다

어머니의 사랑 맛으로

어머니는 속이 꽉 찬 배춧속 같아서
가족들이 입맛 없을 때마다
한 세월 한 세월 떼어주시고는
희로애락을 버무려 통째로 담근
살아온 세월을
어머니만의 고유한 사랑 맛 나는 맛으로 익히시고는
세상이 꽁꽁 얼거나 눈보라칠 것 같은 날이 올 것 같으면
가족들의 세상 살아갈 입맛을 위해
어머니의 일생을 아낌없이 통째로 내어주시곤
하였지요

어머니의 계명

어머니는 시장에 가실 때마다
깎지 않고는 절대로 야채나 생선을 사지 않으셨다

배추, 열무, 파, 시금치, 당근, 마늘 같은 채소를 비롯하여
고등어, 꽁치, 갈치 등의 생선값이
깎아질 때까지 흥정을 하셨다

거기다가 덤까지 받는 날이면
어머니의 발걸음은 산들바람처럼 가벼우셨다

그러나 불쌍한 사람을 보면
그냥 못 지나치셨던 어머니는
당신이 세상을 살아갈 세월에 대해선
절대로 깎는 법 없이 평생을 후하게 사셨다

마음을 넉넉하게 갖고
덤까지 주는 세상을 살아야 한다고
늘 계명처럼 말씀하셨다

처음과 끝

이 세상을 살면서
처음과 끝이 같은 사람은
오로지 어머니밖에는 없는 것 같다

처음엔 간까지 다 빼줄 것 같다가도
어느 정도 목적을 달성하고 나면
하루아침에 변해가는 것이 세상인 데 비해
어머니는 잔잔한 호수의 물결처럼
처음과 끝이 늘 한결같다

세파가 성난 파도처럼 파고 치게 하거나
호수의 밑바닥까지 드러나게 가물게 하여도
어머니의 사랑의 샘 줄기는 언제나 한결같아서
결국엔 세파도 어머니 품에 안기어
단꿈을 꾸게 되는

어머니는 어머니가 가진 모든 것을
주는 것을 시작으로 하여
어머니가 가진 모든 것을 하나도 남김없이 다 주고
이 세상을 떠나는 것이 끝이기에
어머니는 늘 처음과 끝이
변함없이 한결같다

팔십 고개

육십까지는 펄펄 나시던 어머니가
팔십이 넘으면서부터는
세상을 팔십 고개 넘어가듯
몇 미터 가다 쉬곤 또 몇 미터 가다 쉬곤
숨이 차서 힘겨워하신다

지팡이에 팔십 평생의 세월을 의지하시듯
팔십 고개의 세월을 넘어가시는
어머니의 모습을 보면 너무나 안쓰러워
평상시 탄탄대로를 만들어드리지 못한 죄스러움과
떡 하나 주면 안 잡아먹지 하는
설화 속의 호랑이가 떠오르는데

한 고개 넘을 때 큰딸을 생각하고
두 고개 넘을 때는 작은딸을 생각하듯
팔십 고개를 넘을 때마다 큰딸로부터 다섯째 막내 딸까지
쉼 없이 생각하시는 어머니의 숨찬 숨소리가
마치 다섯 딸이 어머니의 뱃속에 있을 때의
어머니의 생명을 다 줄 것 같았던
그때의 숨소리처럼 들렸다

시래기

늙어갈수록
처마 밑에 매달린 시래기처럼
몸의 수분이 점점 빠져나가
몸은 바짝바짝 말라가시어도
어머니의 한결같은 사랑은
오히려 깊이가 더욱 그윽해지고 향기로워
청정의 통풍으로 바짝 말린 무청이
더욱 영양가 있고
입맛을 돋우는 별미가 되는 것처럼
늙어갈수록 어머니의 사랑은
세상 풍파를 다독여주며
진미 중의 진미의 맛으로
세상 살 입맛을 살려주고 있네

연탄처럼

자신을 온통 활활 불태워
하얀 재가 될 때까지
자신의 온기를 모두 내어주는 연탄처럼

가슴속이 까맣게 타도록
자신의 일생을 사랑으로 모두 내어주신 어머니가
눈물 나게 그리운 날

연탄불을 갈아주듯
어머니께 속죄하며
어머니 가슴속을 갈아주고 있는
내 마음

여름이 무더운 것은

여름이 무더운 것은
계곡물을 더 시원하게 하려 함이라

녹음의 잎으로 무성한
나무 그늘을 더 시원하게 하려 함이라

이글거리는 태양의 햇살로 뜨겁게 달군
바닷물을 더 시원하게 하려 함이라

여름이 무더운 것은
푸른 산맥을 달리고 있는 바람을
더 시원하게 달리게 하려 함이라

여름밤 내내 밤새 울고 있는 여치의 울음이
여름밤을 더 시원하게 하려 함이라

여름이 무더운 것은
용광로같이 뜨거운 어머니의 사랑이
왜 세상에서 가장 시원해지는 사랑이 되는지를 알게 하려 함이라

뜨뜻미지근한 사랑이 아니라
자식들을 위해서라면 몸과 마음과 영혼까지도 다 내어주는
어머니의 뜨거운 사랑이야말로
세상에서 가장 시원한 사랑임을 알게 하려 함이라

칼국수

여름이면
이마에 흐르는 땀을 손으로 연신 훔으시며
밀가루를 찰지게 반죽하여 만드신
어머니의 칼국수는
그야말로 여름을 잊지 못할 추억처럼 떠올리게 하는
별미 중의 별미였지요

모기향을 피워 놓고
가족들이 빙 둘러앉아
호박을 썰어 얹은 칼국수를
어머니가 떠 주실 때면
"후룩~ 후룩~"
칼국수 먹는 소리만이
마치 여름밤 하늘
보석 반짝이듯 흐르는 은하수의
추임새를 넣는 듯하였지요

어머니의 사랑을 배불리 먹듯
어머니의 맛 나는 별미를 배불리 먹은 그날 밤은
풀벌레들의 합주 연주도
우리 가족들처럼 화음이 화목한
두고두고 생생히 생각날 밤이었지요

2부

엄마라는 이름

새 생명을 잉태하고 있는 여인이여
엄마라는 이름은
이 세상에서 가장 위대한 이름이나니

엄마라는 이름은
먹고 싶어도 먹을 수 없는 입덧의 고통과
몸이 아파도 약을 먹을 수 없는 몸살 속에서도
온몸의 자양분을 사랑으로 다 내어주며
태아가 부디 건강하게 태어나기만을 바라는 것이
엄마의 마음이나니

엄마라는 이름은
때로는 산모의 목숨이 위험 지경에 다다를 때에도
태아의 출생을 위해서라면
자신의 생명까지도 내어주는 모성애로
아기의 생명을 지켜주나니

엄마라는 이름은
닳고 닳도록 불러도
조금도 싫지 않고 전혀 식상하지 않고
오히려 부르면 부를수록

더욱 정겹기만 하고 늘 새롭기만 하여
엄마라는 이름은
이 세상에서 가장 사랑스러운 이름이나니

태초의 하나님으로부터
사람의 새 생명을 탄생하는
창조의 신비를 부여받은 엄마라는 이름은
너무나 복되고 아름다워라

다듬잇돌과 다듬잇방망이

다듬잇돌과 다듬잇방망이를 보면
옥양목에 빳빳이 풀을 매겨
올곧게 다듬이질 하시던
어머니의 모습이 눈에 선한데

사람은 자고로
성품이 빳빳할 땐 올곧아야 하고
그러다가도 부드러워야 할 땐
한없이 자상해질 줄도 알아야 한다는
평소의 어머니의 지론처럼
다듬잇돌과 다듬잇방망이를 보는 순간
가슴을 쿵쾅쿵쾅
마치 그때의 어머니의 다듬이질하시는 소리가
들려오는 것만 같았다

콩 타작을 하며

콩 타작을 할 때면
마치 다 컸다는 듯
어디로 튈지 모르는
사춘기 때의 자식들처럼
깔아놓은 멍석 너머로
콩들이 튄다

어머니는 멍석 너머로 튄 콩들을
쓸어 담아
마치 부모의 품에서 뛰쳐나간
자식들의 아픔과 고민을 털어내듯
키질로 검불과 흙들을 털어내며
콩만을 골라낸다

잘 익은 가을볕이
풍작의 콩 타작을 하는 어머니의 미소처럼
풍요롭다

엄마와 아기

캥거루와 같이
아기를 품에 안고 다니는 아기 엄마들을 보면
이 세상에서 가장 소중하고 귀한 보물을
심장으로 꼭 품고 다니기라도 하는 듯
사랑과 행복으로 머금은 미소가
햇살처럼 빛나는데

모태의 신앙과도 같은 모성애가
엄마의 생명처럼 살아 숨 쉬는
사랑의 숨결을 통해
아기에게 전달되면

아기는 이 세상에서 가장 행복한 요람에 안겨
길몽을 꾸며

"엄마, 너무너무 행복해요"
"엄마, 너무너무 사랑해요"

엄마를 바라보며 방긋 웃는다

어머니의 흑백사진

6.25 때 돌아가신 달랑 단 한 장 남은 어머니의 흑백사진이 고등학교 2학년 때 마치 그동안 참고 참았던 눈물 한 번에 쏟아지듯 홍수에 휩쓸려 어머니는 또 그렇게 흔적 없이 사라지셨다 그 후 홍수 상습지역에서 이사한 후 더 이상 눈물 한 방울 나오지 않았다

고택古宅

고택古宅의 겨울은
마치 늙으신 어머니같이
정원 나목들의
뼈 사이사이 흐르는 바람처럼
허전한데

고택古宅의 봄은
손주 품에 안으시고
말간 햇살처럼 웃고 계시는
어머니의 미소처럼
나목들마다 돋아나는 연푸른 새잎이
의욕을 되찾아 가시는 어머니의 소망처럼
반짝이고 있구나

바다를 보며

지금까지 내가 흘렸던 눈물이
얼마인지 아느냐고 말하던 내가
바다에 가서 말문이 막히는 것은

무한대의 눈물이 끝없이 펼쳐져 있는 바다 앞에서
내가 무슨 말을 할 수 있으랴

사랑한다는 말 대신
어머니 눈가를 촉촉이 적시던
눈물 속에서 반짝이던 미소처럼
바다가 속눈썹을 깜박깜박할 때마다
사금처럼 반짝이는 햇살을 부리에 물고
바다 위를 자유자재 평화로이 날고 있는
갈매기들을 보면

평생, 자식들이 세상에서 자유로이 헤엄칠 수 있도록
눈물을 미소처럼 반짝여 보이시던
어머니의 사랑을
이제야 알 수 있을 것만 같다

겨울꽃

겨울꽃을 바라보면
꼭 울 어머니 같다

모진 세월 속에서도
이 세상 가장 향내 나던 울 어머니처럼

혹독한 추위를 이겨내고
감탄사처럼 핀 겨울꽃을 바라보면
꼭 울 어머니 같다

원목 소파에 누워

원목 소파에 누워
나무를 쓰다듬다 보면
마치 나무 관속에 누워있는 것 같아
어머니가 묻힌
나무뿌리를 뻗어본다

나무뿌리 끝에는
별들이 초롱초롱 눈을 뜨고 있고
그 옛날 불러주던
자장가 소리가 들리고 있다

언젠가는 어머니의 세월 속에
합장할 나의 세월들이
나뭇결 어루만지듯
숨결을 고르고 있는데

어머니의 한없는 사랑이
봄날, 수액 흐르듯
단잠을 이루고 있다

2016년 11월 14일

달이 가장 가까이
나에게로 다가왔다

바닷물을 끌어당기듯
내 마음을 끌어당기는 슈퍼문

밤새
내 마음은 달빛으로 넘쳐흘러
이 세상을 하직한
백발의 어머니가 둥실 떠올랐다

어머니는

어머니는
아주 오래된 한옥

낡고 헐은 구옥처럼
몸 성치 않은 곳
한 군데도 없으신 어머니시지만

가족들이 낳고 자란 터전을
힘자라는 데까지
떠받들고 있는 대들보 같은
어머니는

항시 잘 익은 간장, 된장, 고추장처럼
사랑을 잘 익혀놓고
언제나 가족들이 필요할 때면
퍼 갈대로 퍼 가
맛있게 먹고 행복하게 살기를
늘 기도하시는 어머니는

우리 가족이 지켜야 할 가보

물컹해진 단감

이 세상 아무리 단맛으로 탱탱하던 호시절도
세월이 흘러 기세가 빠져나가니
물컹해지는구나

한때는 연등을 밝히며 사랑의 밀어를 나누던
호시절이여

이젠 어미젖을 빨고 자라 출가한 자식들이
혹 이제나 올까 저제나 올까
문밖을 서성이는 노파의 바람 빠진 유방 같은

오래 놔둬 물컹해진 단감이여

어머니 생전처럼

하염없이 내리는 눈처럼
한량없이 사랑만 주시는 어머니께
괜스레 짜증이라도 낼라치면
마다않고 폭설처럼 쏟아 부어주시던
어머니의 사랑처럼
온통 하얗게 덮어버린 세상이
겨울이면 어머니가 덮어주시던
하얀 목화솜 두툼하게 넣은 그 이불을 덮고
새근새근 깊은 꿈을 꾸고 있구나

마치 어머니 생전의 나처럼

노을14

어머님이 안녕을 고하니
피눈물 나는 사랑

서녘 하늘에 부음을 계시하고
영면하시는구나

삽

가물대로 가물어
삽이 들어가지 않는
물기 하나 없는 땅을 뒤집으며
생계를 심던 그 삽으로

오늘 흙으로 돌아가시는
어머니의 관 위에다
흙을 퍼 담으며

생전, 착한 끝은 있느니라
늘 하시던 말씀을
아무리 세상이 메말라진다 하더라도
결코 잊지 않고 명심하리라
마음 밭에 그 말씀의 심지를
심는다

엄마의 마음

그가 팽이채로 지구를 돌린다는 건
어불성설이지만
상상의 채로 지구를 돌리는 사람이
너무나도 많다는 걸
꼭 알아야 하겠느냐마는
넘어지면 또 때리고
넘어지면 또 때리고
지구는 수없이 멍들어갈 뿐

엄마 마음을 누가 알랴
진물 나고 멍들어도
사랑이라는 이름으로 수도 없이 때리는
채찍질을

쉼 없이 밀려오는 파도가
백사장을 때렸다 밀려가곤
더 큰 파도로 밀려와선 또 때리고 밀려가듯

엄마라는 이름으로
쉼 없이 뱅글뱅글 돌기만을 원하는
자식들의 채근질에

잠시도 지구처럼 돌기를 멈추지 않는
엄마의 마음

3부

토란 나물

토란 나물을 먹으며
토란 잎을 폴짝폴짝 뛰어다니던
청개구리처럼
세상을 마냥 뛰어다니던
철부지 시절을 생각하며
해 쨍쨍하기 그지없는 여름 한나절
여우비처럼 토란잎에 내리던
빗소리를 들으며

더운 세상을 뛰어다니다
한걸음에 달려와
어머니 품에 안겼을 때의 시원함처럼
토란 나물을 먹으며
토란 잎에 내리던 그때의 빗소리를
다시 음미하는 것은
불후의 명곡을 또다시 듣는 것 같은
행복이다

희망

푸르던 잎이 거의 다 떨어지고
줄기만 남은 제라늄의 꽃이
잎이 왕성할 때의 꽃보다
더 예뻐 보이고
소중해 보이듯이

구순 가까운 어머니의 미소는
마치 고목에 새순 돋는 것 같은데

지루하기 짝이 없는 장마 끝에
고개 내민 눈부신 태양같이
쉬지 않고 밀려오는 세파에도
불치 같은 절망을 딛고 일어선 희망은
사금처럼 반짝반짝 빛나는
바닷가 백사장의 모래알 같아라

콩나물국

아랫목에 콩나물시루를 놓고
콩나물이 빨리 자라도록
날마다 열심히 물을 주시던
어머니의 마음은

아마도 세상에 얹혔을
가족들의 속을
하루라도 빨리 시원하게 풀어주고 싶은
어머니의 한없는 사랑하는 마음이었을 텐데

어머니가 끓여주시는 콩나물국을 먹고
세상으로 나서는 날이면
하루가 막힘없이 체하지를 않아
어머니가 키우시던 콩나물처럼
우리 가족들 모두가 쑥쑥 잘도 자랐던
그때를 회상하다 보면

지금도 간절히 그리워지는
어머니의 사랑하는 마음 그 자체가
바로 아스파라긴이었던
그때의 그 콩나물국

수건

피곤한 몸을
구석구석 사랑으로 어루만져주는
어머니같이

머리부터 발끝까지
온몸을 청량하게 닦아주는 수건

비가 오나
눈이 오나
마지막 남은 생명줄이 다 할 때까지
자식을 위해 일생을 다 내어주는
어머니같이

세상에서 맞고 다닌 눈비나
발버둥 치는 세상의 땀 눈물까지도
닳고 닳아 더 이상 쓸모없어질 때까지
언제나 온몸을 깨끗하게 빨아가며
내 몸을 청결하게 구석구석 닦아주는
수건

부채

이 세상에서 제일 시원한 부채는
어머니가 불러주는 자장가이지요

어머니가 자장가를 불러주면
사랑이 살랑살랑
내 마음에 불어오지요

참을 수 없이 무더운 세상살이 속에서도
단꿈을 꾸게 하는
어머니가 불러주는 자장가는
푸른 나뭇잎들이 살랑살랑 부채 부쳐주는
나무 그늘 같지요

떡갈나무

떡갈나무 잎을 보면
옛날 어머니가 만들어주시던
개떡이 생각나는데
허기질 때마다 어머니가 만들어주시던
개떡을 먹으면
속이 평온하기 짝이 없고 행복했던 것처럼

우리 집 거실의 떡갈나무를 볼 때마다
속이 시원해지는 것은
그때의 어머니의 미소가 반짝반짝
떡갈나무 잎을 비춰주고 있기 때문이 아닌지

햇살이 사금처럼 눈부신
우리 집 거실

색경

색경에는
어머니의 반듯한 가르마가 들어있다

색경에는
어머니의 단정한 쪽머리가 들어있다

색경에는
어머니의 단아한 얼굴이 들어있다

색경에는
어머니의 정숙한 옷고름이 들어있다

색경에는
어머니의 처녀 때의 꿈이 들어있다

색경에는
어머니의 신혼 같은 사랑이 들어있다

색경에는
어머니의 깨진 꿈과
베갯잇을 적시던 눈물이 들어있다

색경에는
시름으로 깊어진 어머니의 주름살이 들어있다

색경에는
어머니의 희로애락의 일생이 들어있다

*색경 : 거울의 방언

야래향

짙은 어둔 세상에
발을 내디딜 때
어머니의 사랑의 향이
입가에 번진 미소처럼
은은하게 다가오듯

잠을 이루지 못하고
뒤척이는 밤이면
야래향의 향긋한 향내가
은하수 흐르듯 다가와
어느새 잠이 드는 밤

꿈결처럼 흘러가지요

하늘 선풍기

섭씨 30도가 넘나드는데도
하늘이 선풍기를 틀어놨는지
시원하다

하늘이 틀어주는 선풍기 바람은
마치 실개천에 마음을 담아놓은 것처럼
청량하다

어머님이 자장가를 부르며
사랑으로 부쳐주던 그때의 부채 바람을
하늘이 선풍기를 틀어
지금 부쳐주고 있다

나무 그늘

땡볕 내리쬐는 날
나무 그늘은
넉넉히 품어주는 어머니의 품 안 같은 것

잠시 쉬었다 가려무나
타관에서 얼마나 고생이 많으냐

살아가느라 헉헉
네 심장은 보나 마나 물 한 모금 없는
사막과도 같은 갈증이려니

잠시 내 품에 안겨
타관의 타는 목마름을 축축이 축이려무나

더우면 더울수록
녹음 우거진 나무 품 안에 안겨
여름을 신나게 노래 부르고 있는 매미같이
너는 내 품에 안겨
맘껏 노래 부르려무나

노심초사했던 엄마의 마음이
시원한 그늘이 되도록

본체

어머니는
이 세상에서 가장 위대한 종교이자
신앙입니다

어머니의 그지없는 희생은
바로 그분의 말씀인
본체의 뜻입니다

어머니의 한없는 사랑은
바로 그분의 무한함이 없는
창조이기도 합니다

대가 순댓국

대가 순댓국은
찌는 듯한 삼복더위에 먹으면
심층 깊은 지하수로 등목을 하듯
속이 후련하게 시원해지고

매서운 한파가 몰아치는 겨울에 먹으면
따뜻한 난로를 쬐듯
속이 따끈따끈해져

어머니의 지극한 사랑으로 맛을 보듬었다는
대가 순댓국을 먹으면
타관에서도 외롭기 그지없는 밤엔
어머니의 따뜻한 손길을 느낄 수 있어

세상살이 소태맛처럼 속이 쓰릴 때에는
어머니의 한없는 사랑이
도란도란 정담 나누듯
마음을 쓰다듬는 것 같아라

땅속

땅속은
어머니의 깊은 마음속 같아

세상이 더우면 더울수록
땅속 깊은 곳의
심장도 얼얼할 시원한 찬물로
세상을 등목시켜주고

세상이 추워지면 추워질수록
땅속 깊은 곳에서 솟아 나오는
따끈따끈한 온천물에 세상을 푹 담가
피곤을 눈 녹듯 풀어주고 있네

있다 없다

나에겐 어머니가
있다
없다

네 살 때 6.25전쟁으로 돌아가셨으니까
기억에 없고
내가 세상에 태어났으니까
있다

평생을 있다 없다를 반복하며
쉴 새 없이 나를 드나드시는 어머니는
때론 신기루 같기도 하고
때론 끝없는 사막 같다

하늘을 바라보면

하늘을 바라보면
하늘은 어머니 얼굴 같다

얼굴도 모르는 어머니가 그리울 때면
하늘을 바라본다

파아란 하늘일 땐
어머니가 활짝 웃고 계신 것 같고

흐린 날이면
어머니가 꽤나 우울해하시는 것 같은데

우레 치는 날이면
어머니는
폭격에 돌아가시던
6.25 때의 포성 같은 어둠인데

울부짖는 비애여
하늘은 마치 공동묘지 같아
차오를 대로 차오른 슬픔의 수위를
비문처럼 끌어안는다

어머니의 화신

사랑을 부화하기 위하여
자식을 온몸으로
꼬옥 품어주시는 어머니

세상의 온갖 풍파를
평생 온몸으로 막아주시며
사랑의 화신이 되시는 어머니

4부

어머니의 약손

폭염으로
화염이 지글지글 끓는 대지 위에
밤새도록 비가 내리고 있다

마치
애간장이 끊어질 듯 복통이 심한 날
배를 쓰다듬어 주시는 어머니의 손길처럼

세상은 고요하다
어머니의 약손처럼
화마 같은
세상의 배를 쓰다듬어 주고 있는
비

양평해장국집에서

집에서 먹는 밥 다음
맛있다는 양평해장국집에서
타향에서 밥이나 잘 먹고 있는지
늘 걱정하시는
언제나 어머니의 피와 내장을 다 꺼내
뜨거운 사랑을 펄펄 끓여주시던
어머니의 모습이 눈에 선한데
하루의 노동을 마친 근로자들의 입담이
양평해장국집의 내장탕처럼 뜨겁게 달아올라
마치 고향에 귀향한 듯하구나
밖에는 함박눈이 입담처럼 내리는데
타향의 외로움을 해독하여 주는
양평해장국을 먹고
건강 잘 챙기고 있으니 조금도 걱정 마시라고
어머니의 사랑으로 끓인 것 같은
내장탕을 앞에 놓고
어머니께 전상서를 올리면
마치 어머니께서 전상서를 받아 읽는 듯
새록새록 눈 쌓이는 소리가
정겹기 그지없구나

무더운 여름

무더운 더위를
할인할 수 있다면
얼마나 좋을까

불황 같은 더위가 계속되어
숨쉬기조차 버거울 때
더위를 한 번에 날려버릴
파격적인 피서 부양책은
과연 없는 것일까

여름 내내
백화점마다
대폭적인 할인 행사를 계속하는데도
더위는 날이 갈수록
기승 기승하고 있으니

어머니가 부어주는 물 한 바가지로
여름을 시원하게 등목하듯
불황 같은 더위를 한 번에 날려버릴
등목은 할 수 없는 것일까

파격적인 할인행사 하는 곳이
수없이 많은데도
자꾸만 목이 탁탁 막혀오는
무더운 여름

가요무대

지나간 세월들이
노랠 부르고 있다

웬 청승을 떠느냐고
어머니가 KBS 가요무대를 즐겨보실 때마다
구닥다리 세월을 껴안는 어머닐
이해할 수 없었는데
이젠 내가 가요무대를 즐겨 보고 있으니

내가 태어나기 전의 세월들이
구성지게 부르는 노래와
내가 살아오면서 만났던 세월들의
추억의 노랠 들으며
그 세월을 따라 노래하다 보면
눈물이 왜 그렁그렁 맺혀지는지

어머님이 좋아하시던 세월을 골라
방송국에 신청이나 해볼까

아! 어머니……

그리움에
열창하는 세월의 목이
잠기고 있다

물속

냇가에 앉아
물속을 들여다보면
어머니 마음이 보인다

大洋에 이르는 꿈에 도달할 때까지
때론 수없이 등을 두들겨 맞기도 하고
또는 높은 절벽에서 절망처럼 내동댕이쳐질 때 많아도
언제 그랬냐는 듯싶게
투명하기 그지없는 맑은 속살을 보이며 흐르는
실개천같이

낙원의 가정 만들 때까지
수 없는 세파에 휘둘리며
쉴 새 없이 몰아치는 고난으로
시시각각 삶이 파탄 날 지경에 이르를 때 많아도
전혀 기색 없이
가족들 위해서라면 순교하리라는 각오로
항상 미소의 속살처럼 살아온 어머니 마음이기에

모나고 각진 것들을 쓰다듬으며
여기까지 흘러왔을

물속을 들여다보면
해맑기 그지없는 어머니의 마음이 보인다

함박눈

임종을 앞둔 어머니의 삶이
경계를 무너뜨리고 무한세상으로 가듯
천상에서 땅끝 발끝까지
무아지경
눈이 내리는구나

한 해가 가는 길목
마지막 12월도 가려는 지금
늘 그랬던 것처럼
지나가는 달 위에
새로운 달月이 그 자리를 차지하고
또 그달 위에
또 다른 새로운 달이 그 자리를 차지하듯
내린 눈 위에 또 다른 눈이 내려 덮이는
정말로 언제 그칠지 종잡을 수 없는 함박눈이
무아지경
경계 없이 천상에서 땅끝까지
하나의 세상을 만들고 있구나

이제 이 한해도 지나가면
한해 내내 구속하던

세상적인 것들 —땅에서 이루려고 했던 집착들
과연 어머니의 임종처럼 사라질지

세상의 마지막 숨을 거두려는 그 순간처럼
시간을 무장 해제시키고
함박눈이 내리는 오늘

경계를 자유로이
천상에서 땅끝까지
무아지경
유영하고 있구나

휴지

콧물 닦아주고
가래 받아주고
항문에 묻은 똥 찌꺼기까지
깨끗이 닦아주는 휴지같이
자식이라면
세상의 온갖 속앓이
다 받아 말끔히 닦아주시느라
여념이 없던
어머니가 그리운 날은

휴지를 풀어
가슴의 눈물을
코끝이 찡하도록
당신이 닦아주듯
닦고 또 닦으며

부디
저승에선 편히 계시라

시원하게 내려가는 변기통의 물같이
세상의 온갖 오물 다 쏟아버리며

온몸이 휴지가 되어
지나온 세월이 깨끗해질 때까지
닦고 또 닦고 있었다

공덕역에 가면

서울 지하철 6호선 공덕역엔
남은 生을 자식에게 다 내주면서도
오래된 사과의 그윽한 향기와 같은
미소를 짓고 계시는
늙으신 어머니가 있다

이른 새벽, 첫차를 타고
하루를 시작하러 가는 사람들에서부터
늦은 밤, 막차를 타고 오는 사람들에 이르기까지
늘 그윽한 미소를 짓고 계시는 어머니

나의 詩
「오래된 사과」가 걸려있는 공덕역에서
늙으신 어머니의 미소를 떠올리고 있노라면
오래된 사과의 향기 같은 풍금 소리가
가슴 가득 젖어 든다

열무김치

친구여 너의 어머니는 열무김치
늘 푸른 대가 싱싱 살아서 앞을 내다보지 못하고
조급하게 굴라치면 답답한 마음 차근차근
솎아 주며 솎은 마음 푸른 하늘 바라보는 여유로
맑게 씻어 열무김치 담그는
친구여 너의 어머니는 열무김치
각박한 마음 심술부릴 때는 도랑을 터주어
십 년 묵은 체증 훤히 뚫리게 하고
당신의 마음 우리 마음속에 철철 넘쳐
흐르게 하여 세상 살 맛없는 날
툇마루에 앉아 시름에 잠기면 당신이
육십 평생 살아온 삶으로 부채 부쳐주는
열무김치로 썩썩 당신의 마음 온전히
우리 마음과 일치하게 비벼주는 친구여
지금은 이 세상에 없는 너의 어머니가 담근
열무김치를 보낸다
친구여 너의 어머니는 열무김치

어머니 점심 잡수셨습니까

어머니 점심 잡수셨습니까
이맘때쯤이면 어김없이 나는 보리빵 세 개와 우유 200ml를 먹으면서
어머님이 살아오신 망망대해를 앞에 놓고
혼자 시름에 겨울 어머님을 생각합니다

햇살은 얼마나 비추고 있고
동백꽃은 피었는지요
눈만 뜨면 가족들은 뿔뿔이 제 갈 길을 가고
당뇨병을 앓고 있는 저는 맨 마지막으로
보리빵 세 개와 우유 200ml를 가지고
어머니 곁을 떠나면서
뜰 앞에 동백나무와
추녀 끝에 매달린 매주가 얼마나 곰팡이 피었는지
그 냄새를 맡으면서
어머니의 얼굴을 떠올린답니다

나이를 먹으면 영혼의 부피가
잘 익은 장처럼 맛깔스러워지는지요
세월을 차곡차곡 쌓아서
양지바른 햇살로 잘 쬐어 익혔다가

사는 재미 못 느끼고 헤매일 때 한세월 듬뿍 떠서
맛깔나게 썩썩 비벼주는가 하면
눅진 세월 푹푹 끓여서
주눅 들지 않게 살아오신 세월
아낌없이 따뜻하게 맞아주시는 어머니

펼치면 팔만대장경보다 더 넓고 깊어서
어찌 그 마음을 다 헤아릴 수 있겠는지요
퍼 담아도 퍼 담아도 줄지 않는 그 세월 줄기 곁에서
곁가지로 싹눈 틔고 어머니가 비춰주는 햇살 받아
바라보시기에 좋은 동백꽃으로 피고 싶은
그 소망을,

어머니 점심 잡수셨습니까
홀로 계실 땐 드시는 것도 대충대충 때우고
피붙이가 곁에 있어야 그나마 맛있게 드시는 어머니
오늘 햇살은 얼마나 비추고 있고
동백꽃은 또 얼마나 피었는지요
――어머니

내 고향 거금도에는

내 고향 거금도에는
어머니의 눈썹이 반짝이는
바다가 있다

나는 밤마다
그곳에서
별을 퍼낸다

어머니의 눈썹이
반짝이는 별

퍼내도 퍼내도 끝이 없는
별은 나의 가슴을 지느러미로 파닥이게 하여
어머니의 눈썹 밑에서
나는 한 마리
물고기가 된다

어머니의 눈썹 밑을 헤엄치고 있으면
그곳에서 만나는
눈물 하나

숱한 밤
눈물과 눈물이 만나 보석이 되고 있음을
눈물의 명주실을 가슴으로 뽑어 올려
별들을 불러 모으는

내 고향 거금도에는
어머니의 눈썹이 반짝이는
바다가 있다

달팽이

어머니가 달팽이처럼 짐을 지고
세월을 걸어가십니다

이제는 내려놓을 때도 됐는데
통 내려놓질 않습니다

다섯 딸 다 키워
시집보낸 지, 몇십 년 됐는데도
다섯 딸의 근심 걱정
등에 지고
내려놓질 않습니다

오히려 손자 손녀들의 짐까지
더 많은 짐을 등에 지고
이제는 세월을 더듬더듬 기어가십니다

휘어질 대로 휘어진 허리를
기어가다간 숨 한번 힘들게 내쉬는 어머니

촉각을 자식들의 안테나에 고정시키고는
짐을 하나씩 등에 더 얹어가며

더듬더듬 달팽이처럼
오늘도 어머니는 세월을 기어가십니다

어머니……
언제쯤 등에 진 짐을 내려놓으실 건가요

엄마 생각

엄마를 생각하면
닫혔던 마음이
활짝 문을 엽니다

엄마를 생각하면
황량하던 마음의 들판이
파릇파릇 새싹
돋아납니다

엄마를 생각하면
갇혔던 마음의 물길이
물꼬를 트고
세상 이곳저곳 흐르면서
수인사를 나눕니다

언제 마음의 水門을 열었는지
기억조차 없는
세상 이곳저곳을 흐르면서
마음을 일급수로 정화하며
함께 더불어
사랑이 끊긴 물꼬를 트는

엄마를 생각하면
절망의 첩첩산중에서도
좌절의 캄캄한 어둠 속에서도
엄마가 보내는 사랑의 메시지가
막힘없이 수신되어
불의를 품었던 마음들도
칼을 버리는

엄마를 생각하면
닫혔던 세상이
활짝 활짝 문을 엽니다

아랫목

흐린 날에는 자궁 속에서 영원히 잠을 자고 싶다
뜨뜻한 아랫목 그곳으로 돌아가고 싶은 날
밖에는 녹슨 기관차 베이스 같은 저음低音 깔리고
할 일 없는 날들이 하루 운수 화투를 친다
占을 보다 길을 잃은 새들이 저음에 젖어 패가 나지 않을 때
둥지로 돌아갈 길은 아직 멀다
세월을 마시며 꽥꽥 소릴 질러 보아도
전혀 고음高音 처리가 되지 않고
고아원 대문 앞에서 전쟁을 예보하는
장마전선 같은 저음의 대포소리를 듣는다
자궁이 닫힌 어머니를 그곳에서 만나고 돌아오는
오늘은 일기 불순
아랫목이 차가워진다

새집

구옥을 허물 때가 온 것 같습니다 그동안 비 올 때마다 여기저기 물 새는 곳을 수리해왔지만 비가 오면 그동안 새지 않던 곳이 또 샙니다 어머니는 오륙십 번도 넘게 응급실과 중환자실을 드나들며 아픈 곳을 수술하며 치료해 왔지만 요즘은 안 아프시던 곳들이 들쑤셔 종일 신음하기 일쑤입니다 어머니가 시집와 이 집에서 팔십이 넘도록 살아오신 것처럼 어머니가 협심증과 심근경색으로 고생하신 지도 근 사십 년이 넘는 것 같습니다 어제는 중풍기와 치매기가 온 것 같아 또 입원했습니다 이제 이 구옥을 허물고 새집을 지어야겠다는 생각을 해봅니다 혼사할 나이가 다가오는 나의 아들이 떡두꺼비 같은 손자 손녀를 낳았으면 하는 생각과 더불어 그중 어머니를 닮은 손주도 있었으면 합니다 그러면 새로 지은 집은 한참 동안 비가 새지 않겠지요

어머니의 발걸음

얼마 남지 않은 세월을 걷는
어머니의 발걸음이
뒤뚱뒤뚱 합니다

아픈 세월을 깁스하고
의지력을 모아
지팡이 삼으신 어머니가
자식에게 한 발짝이라도 더 다가가기 위해
뒤뚱뒤뚱 발걸음을 옮기십니다

팔십이 넘도록
모든 것 자식에게 다 내어주었건만
하나라도 자식에게 더 주고 싶어
자식 가까이
뒤뚱뒤뚱 발걸음을 옮기십니다

그러다가도 걷지 못하시면
자식 가까이
팔이라도 뻗어
이것저것 챙겨주시고 싶어 하시는
어머니

팔이 다리가 될지언정
기어서 기어서라도
남은 것 있으면 자식에게 다 주고 싶은 어머니가
뒤뚱뒤뚱 세월의 발걸음을 옮기십니다

구옥을 수리하며

심근 경색으로
수없이 응급실과 중환자실을
드나드시는 늙으신 어머니처럼

지은 지 육십 년이 넘은
어머니께서 시집와 지금까지 살아오신
여기저기 손봐야 할
구옥을 수리하며

올여름 장마철도
또 지난여름처럼
지붕이 안 샐는지

협심증을 앓고 있는
여기저기 금 간 기왓장들의
혈관을 처방하며

어머니처럼
숨을 가쁘게 몰아쉬고 있는
구옥의 숨소리를
듣노라면

구옥의 수명이 언제까지 갈지
자꾸만 안쓰러움이
가슴을 메웠다

매생이

수없이 너의 머리칼을 헝클어뜨리며
혼비백산하게 만들어 놔도
정갈한 머리를 지키려는 네 앞에서
그 무슨 세월의 고문이 무섭더냐

산채만 한 세월의 고난의 위협이
수없이 너를 덮치며
순리를 저버리는 삶의 해일이
너를 세월의 밖에 수없이 내동댕이쳐도
너는 항상 정신 똑바로 차리고
네 주위의 생선들의 평온한 안식처를
머리를 정갈하게 빗으며
제공해 왔나니

세월의 시린 고달픔 속에서도
항상 품어 주던
어머니의 따스한 품 안 같은 바닷속으로
수없이 찬란하게 내려오는 저 별들
어둔 밤을 천국처럼 환하게
밝히고 있지 않으냐

너의 머릿결이 비단결 되어
바다가 실크로드로 변하고
있지 않으냐

5부

바다를 바라보면

바다를 바라보면
내 마음도 바다가 된다

한 치 앞도 내다볼 수 없는
폭풍우의 밤은 지나가고
아침을 맞는
미소짓는 바다가 새삼 싱그럽듯

영원한 귀향을 준비하는
세월 앞에서
바다를 바라보면
내 마음도 잔잔하기 그지없다

꿈을 꾸었던 격랑의 세월도
이젠 더 이상
인생의 파도에 밀려올 것 같지 않은

영원한 집을 향해
귀가하던 어머니의 그때의 그 모습처럼
바다는 잔잔하기 그지없는데

바다를 바라보는 내 마음이
바다에 묻혀
바다에 무덤하나
유명무실 떠 있다

눈이 오는 날

눈이 오는 날
흰나비를 쫓아 사방을 헤매다 보니
나도 어느 사이 흰나비가 되었습니다

처음에는 누에처럼 고치방에 들어가
사방천지 눈 속에 가둬 놓고
면벽에 들어갔더니
내가 걸어온 길이 날개를 다는 것이었습니다

세상에서 걸어왔던 길과는 반대로
가장 최근에 걸어왔던 길이 먼저 날개를 달고
그다음 그다음 맨 나중으로
내가 태어났을 때 나를 비추던 맨 처음의 햇살이
날개를 다는 것이었습니다

그리고는 바로 그때 명 끊어질라 숨죽이던 앞 개울이
내가 태어날 때의 첫울음으로
날개를 파닥이는 것이었습니다

그리고는 날개를 박차고 오르자
나를 비추던 그때의 햇살들이

명주실처럼 보드랍게 풀어져서
세상을 한 폭의 비단으로 짜고 있는 것이
아니겠습니까

어머니는 물레를 돌리시며
끊어진 길을 이으시며
가지런하게 길을 펴고 계셨습니다

굴뚝이 된다는 것은

옛날엔 굴뚝이 되기 위하여
연기를 모락모락 피어오르는 굴뚝이 되기 위하여
담배를 피웠으나
지금은 그럴 필요 없어
담배를 끊었다

아주 옛날 초가지붕 굴뚝 위에서
연기 모락모락 피어오르면
밥을 먹지 않아도
평화로움과 고요로움이 배를 채워
배고프지 않았던 것처럼

담배 연기 모락모락 피어오르면
몽상가가 되어
초가지붕 굴뚝이 되기도 하고
뭉게구름 두둥실 자유자재
하늘을 떠다니기도 했었다

손짓이기도 했다
나지막이 부르는 음성이기도 했다
식구들의 밥상을 차리기 위하여

바삐 움직이는 어머니의
사랑의 봉화가 피어오르던
초가지붕의 굴뚝은

이젠 옛날 얘기가 되어 버렸다
아련한 회상으로 떠오르는 그림이 되어 버렸다

여름

어머니가 떠준 여름은
부챗살이어요

다듬이질 소리로
시냇물 졸졸 흐르는
그늘이고요

그늘 속에 잠든 자장가

땀띠 난 여름을
자장가로 살랑살랑 處暑를 뜨면

어머니가 떠준 여름은
부챗살이어요

가을

찬 서리 내리는 가을 뜨락에서
햇살을 뜨고 계시는 어머니의 은혜로
익은 햇살 속에는
익은 바람이 부노나

어머니가 뜨시는 한 코 한 코마다
사랑이 익어서
하늘 여는 가을 窓

내 마음의 치수를 재어주는
어머니의 약손으로
다가올 추운 세대의 立冬의 門
한 코 한 코 풀어나가면

열매 가슴 속 깊이
교훈들은 알맹이 속 씨로 타고

익은 햇살 속에서 만나는 익은 바람들이
광야를 거닐며
내년 씨 심을 자리를
눈 봐두고 있었다

수건2

마치 어머니의 한없는 사랑처럼

젖은 눈물

젖은 몸

젖은 슬픔을

말끔히 닦아주고 있네

겨울날 양평해장국을 먹으면

겨울날
양평해장국을 먹으면
함박눈이 내린다

어머니의 따뜻한 양수 같은
양평해장국

양평해장국을 먹으면
이 세상의 온갖 지저분한 잡동사니는 물론
세상의 혹독한 추위까지도 덮어버리는
함박눈이 내린다

햇살에 함박눈이 녹아내리듯
양평해장국을 먹으면
내 마음의 모진 설움도
눈 녹듯 녹아내린다

보쌈김치

김장김치를 담글 때가 되면
어머니는 김장김치 중
제일 먼저 보쌈김치를 담그신다

어떤 혹독한 한파도
보쌈처럼 감싸 안아
별미의 겨울을 보낼 수 있게 해 주시려는
어머니의 따뜻한 사랑이
보쌈김치 안에 가득 담긴다

어머니가 살아오시면서
가장 행복했던 세월들을 골라 골라
보쌈 안에 넣고서는
어머니의 뛰어난 손맛으로
보쌈김치를 담그신다

하염없이 눈이 펑펑 내려
길이 끊어진 날이거나
시베리아의 얼음 같은 바람이 사정없이 몰아쳐서
세상의 길이 모두 꽝꽝 얼어버린 날이면
어머니가 담가주신 보쌈김치를 먹으며

어머니의 포근한 사랑 안에서
잃어버린 세상의 길을 찾을 수 있었던
어머니의 보쌈김치

겨울이 올 무렵만 되면
평생 꼭 챙겨야 할 추억처럼 그리워진다

갈치조림을 먹으며

갈치조림을 먹을 때면
생선 중에서 갈치조림을 유난히도 좋아하셨던
어머니의 모습이 떠올라
별다른 도전 없이 밋밋하게 살고 있는
요즘의 나의 나날들을 뒤돌아보게 된다

가시가 너무 많아
갈치조림 먹기를 꺼려할 때면
원래 맛있는 생선일수록 가시가 많은 법이고
좋은 것을 갖기 위해서는
수 없는 난관을 극복해야만 가질 수 있는 것이라며
갈치조림의 가시를 일일이 발라주시던
어머니의 말씀이 떠올라
어머니가 그랬던 것처럼 가시를 발라
자식들에게 갈치조림을 먹게 하는데

협심증을 비롯하여 당뇨와 저혈압 등의 지병으로
병원에 입원하기를 밥 먹듯 하시면서도
선명한 은빛깔을 반짝이며
바다의 등을 은빛 나게 유영하던 은갈치 떼들처럼
세상 바다를 언제나 활기차게 헤엄치고 싶어 하셨던

어머니의 모습이
갈치조림을 먹을 때면
은갈치가 헤엄치듯 그리움이 북받쳐 목에 걸린다

지상의 하나님

어머니는
살아있는 지상의 하나님이십니다

어머니는
자식을 위해서라면
목숨도 마다않고 주시는 사랑이십니다

어머니는
천만 번 억만 번 죽을죄를 지었더라도
끝내 자식만은 심판하시지 않는
용서이십니다

어머니는
살아생전 한 점 남김없이 자식에게 다 내주시어
언제나 자식들의 가슴이나 영혼 속에서
영원토록 살아 숨 쉬고 계신
부활이십니다

모시 적삼

여름이면
청잣빛 맑은 하늘을 훠이 훠이 흘러가는 새털구름처럼
모시 적삼을 걸치시고
무더운 세상 속을 시원하리만치
가볍게 활로를 여시며 살아오신 어머니는

평생을 혹시나 자식들이
여름이면 세상의 더위를 먹어 지쳐 쓰러질까
원기 회복할 수 있도록
여름을 모시 적삼처럼 빳빳이 풀을 먹여
어머니의 한량없는 시원한 사랑이
여름 내내 자식들의 마음이 막히지 않고 잘 통풍되도록
혹시 눅진 데가 없나 자나 깨나 살피시며
언제나 청량한 마음을 잃지 않으셨던
모시 적삼을 걸치신 어머니를 뵐 때면

맑은 계곡물 흐르는 소리가
샘솟듯 항상 들렸지요

자랑스러운 어머니

딸만 다섯을 낳고 아들 하나 못 낳았다고
평생 기를 못 펴셨던 어머니는
남편의 투정 어린 치기란 치기는 다 받아주시면서도
땅에 뿌리를 박고 자라는 생명들에게
자신의 가진 것을 모두 아낌없이 내어주는 흙과 같이
지극한 정성과 사랑으로
딸 다섯을 키우시느라 온몸이 성할 날이 없으시면서도
마지막 생명줄의 한 가닥까지도
심지어 손녀 손자에게까지도 다 내어주시고는
하늘나라로 가신 어머니를
요즘의 젊은 엄마들은 페미니즘 운운하면서
불쌍하고 미련한 여자라고 할지 모르지만
어머니는 누가 뭐래도
가족들에겐 어머니라는 이름 앞에서는 한 점의 흠결도 없는
사랑의 원석 같은 어머니이셨기에
그리움의 영원한 고향이신 것을
가족들 모두 한 마음으로 증언합니다

어머니!
세상에서 가장 자랑스럽습니다
어머니가 우리 가족의 어머니라는 것이

어머니

새벽마다 샘물 길어
삶을 닦으시는 어머니
어젯밤은 꿈결 같은 자장가 속에서
당신 가슴 가득히 빛나는
온갖 보석을 보았습니다
생채기 난 나의 시간들을
愛物 중에서도 愛物로
당신의 따스한 사랑으로 소독하여
평생 한결같은 마음으로 갈고 닦아
빛나는 보석으로 만드시는 어머니
당신 곁에서
온갖 보석들이 미역 감는
출렁거리는 시간들을 봅니다
추우면 불 쬐렴
바깥세상은 몹시도 차단다
당신의 품 안에 꼬옥 안으시는
당신의 가슴은
삭막한 바람을 훈훈하게 하시며
소나기 같은 슬픔을 다지고 다져
가장 순수한 눈물 한 방울로 남기시며
당신의 손길 닿는 곳마다

헤진 삶의 자리
풋풋한 초원의 싹 돋아
이 세상 끝 어느 곳에서도
당신을 바라보면
당신은 마지막 기댈
나의 구원이었습니다
어머니

어머니는 가장 위대한 종교

어머니는
이 세상의 종교 중에서
가장 위대한 종교입니다

이 세상을 살아가는 내내
한없는 사랑과 희생의 실체를
항상 눈과 마음으로 확인할 수 있고
늘 나의 생명의 호흡이 되시는 어머니는
나에게 있어서
가장 믿음의 버팀목이 되는 종교입니다

말할 수 없는 산고의 고통을 이겨내시며
나를 이 세상에 낳아주셨고
나를 위해서라면
이 세상 떠날 때의 마지막 유언하는 그 순간까지도
어머니의 사랑을 다 내어주시는 어머니는
자나 깨나 사랑의 실체를 직접 보여주는 종교이기에
어머니는 이 세상의 종교 중에서
가장 믿고 싶은 종교입니다

사십 년, 유장하게 쌓은 스물두 권의 견고한 탑

마경덕(시인)

시는 긴 호흡으로 관찰해야 한다. 낚시꾼이 미끼를 던져두고 하염없이 자리를 지키는 것처럼 시 쓰기는 기다림이다. 낚싯대를 드리우고 물가에 앉아있는 한가한 몸짓도 알고 보면 온몸의 촉각을 곤두세워 물밑의 상황에 집중하고 있다. 시 쓰기도 지루한 기다림 속에 긴장이 도사리고 있다. 월척을 기대해보지만 생업이 되지 못한 비효율적인 시에 지쳐 시를 버리는 시인들을 더러 보았다. 영국 시인 워즈워스는 "우리 시인은 젊은 시절을 기쁨으로 시작하지만, 종국에 낙담과 광기가 들이닥치게 마련"이라고 했고 사르트르는 "진정한 시인은 승리를 위해 죽음에 이르기까지 패배하기를 선택한 사람"이라고 했듯이 평생을 시인으로 살려면 성과가 없는 긴 시간을 버틸 결심이 필요하다. 시로 인한 실망에 익숙해져야 하고 낭패에 덤덤해져야 한다.

1978년 『시문학』으로 문단에 나온 박효석 시인의 『엄마라는 이름으로』는 22번째 시집이다. 22권이라니! 가히 시로 지은 탑이다. 참으로 긴 호흡이다. 사십 년을 유유히 흘러온 시의 힘이 유장하다. 과녁을 향해 날아간 시편들, 누군가의 가슴에 꽂혀 부르르 진저리쳤을 절창들이 물경, 22권이라니, 절로 숙연해진다. 필자가 언젠가 고백했던 것처럼 박효석 시인도 시에게 잠을 먹이로 던져주지 않았을까. 시인의 피를 다 말리고 비로소 시가 되는 것처럼 바깥에 세워둔 어둠도 "시의 혈족血族"이었을 것이다. 스무 권이 넘는 시로 탑을 세우며 이제 어떻게, 더 피를 말려야할지 시인은 알아냈을 것이다.

이 시집을 관통하는 힘은 '사랑'이다. 누군가를 "사랑한다"는 것, 그리고 누군가에게 "사랑을 받는다"는 것으로 "삶에 대한 의무"가 생기고 서로에게 "특별한 의미"가 된다. 영국 작가 버지니아 울프는 산책을 나간 뒤 돌아오지 않았다. 주머니에 돌을 가득 채워 템즈강으로 걸어 들어간 버지니아 울프, 그녀가 간직한 유일한 기쁨은 부모와 함께 콘월로 휴가를 갔던 유년기였다. 여기서 주목할 것은 "부모와 함께"라는 점이다. 가족 공동체에서 얻은 행복은 면역력이 강해 마음의 질병까지 낫게 하는 힘이 있다. 울프에게 각인된 짧은 행복 속에 가족의 사랑이 있었듯이 사랑과 희생의 상징인 어머니를 가장 "위대한 종교"라고 믿는 박효석 시인에게는 네 살 때 6.25전쟁으로 돌아가신 기억에도 없는 친모와 딸 부잣집 넷째 사위가 되어 평생을 모신 장모, 두 분의 어머니가 있다. 시인에게 "행복의 지표"는 단연 어머니이다. 어떤 이름이 이보다 더 따뜻할 수 있을까. 22번째 시집 『엄마라는 이름으로』는 마음에 각인된 "사랑의 결"이다. 익히 알고 있는 모성母性은 어쩌면 진부한 소재일 수 있지만 부르고 또 불러도 그리운 이름은 어머니임을 누구도 부인할 수 없을 것이다. 시인 역시 한없는 사랑과 헌신을 "세상과 호흡하는 의미"로 되새기며 시집을 간행하게 되었다고 고백한다. 여기서 지나칠 수 없는 것은 박효석 시인이 성인이 되어 결혼을 하고 장모를 만나기 전까지 비어있던 "어머니의 빈자리"이다. "어머니의 부재"는 시인에게 어떤 시간이었을까. 먼저 막막함, 캄캄함이란 단어가 떠오른다. 외로움을 자신의 몫으로 감당하며 홀로 세상을 건너왔을 "뼈아픈 시간"이다. 감싸주고 위로해줄 대상이 없다는 것은 아득한 사막에 홀로 서 있는 것과 무엇이 다를까. 어느 날 비어있는 자리를 대신할 다른 대상(장모)이 들어섰을 때 그동안의 외로움을 보상받지 않았을까. 시인은 굳이 장모임을 밝히지 않고 어머니라고 부른다. 이미 낳아주신 어머니와 다를 바 없다. 어머니에 대한 이미지는 아내에게로 이어진다. 아내 역시 아이들의 어머니인 것이다. 아래 예시된 「어머니의 흑백사진」에서 친모親母에 대한 기억이 어떻게 변환하는지 살펴보자.

6.25때 돌아가신 달랑 단 한 장 남은 어머니의 흑백사진이 고등학교 2학년 때 마치 그동안 참고 참았던 눈물 한 번에 쏟아지듯 홍수에 휩쓸려 어머니는 또 그렇게 흔적 없이 사라지셨다 그 후 홍수 상습지역에서 이사한 후 더 이상 눈물 한 방울 나오지 않았다

–「어머니의 흑백사진」 전문

"홍수 상습지역"은 시인이 어머니의 사진을 보며 슬픔에 침몰되던 "고통의 지점"이다. 네 살 때 전쟁통에 돌아가신 기억에도 없는 어머니는 한 장의 흑백사진 속에 담겨있다. 참고 참았던 슬픔은 직진이며 일방통행이다. 홍수에 휩쓸려 어머니의 흔적조차 사라지고 "홍수 상습지역"에서 이사한 후 눈물 한 방울 나오지 않았다는 것은 더 이상 기억할 그 무

엇도 남지 않았다는 것이다. 눈에서 멀어지면 마음마저 멀어지고 추억이 쌓이면 헤어지기 어렵다고도 한다. 함께 했던 시간은 쉽게 지울 수 없는 것이지만 기억에 없는 어머니 자리는 그렇게 떠내려가고 다른 겹을 지닌 "삶의 속도"가 생성되었다. 끈질기게 이어진 과거의 기억과 현재를 분리시키는 흐름에 휩싸인다. 흑백사진 한 장은 아들과 어머니를 이어주는 "유일한 끈"이었다. 끈이 끊어지고 정신적 허탈감에 슬픔마저 무기력해졌을 것이다. 대상과 어떤 힘의 관계가 작동되면 생각은 변화된다. "의식의 흐름"에 대해 미국의 심리학자 '윌리엄 제임스'는 순간순간의 의식은 단편적인 연결이 아니라 일관성이 있는 연속체라고 하였고 프랑스 사회학자 '앙리 르페브르'는 늘 반복되는 지루한 일상성의 가장 위대한 측면은 "완강한 지속성"에 있다고 하였다. 과거의 경험과 기억이 현재를 만들듯이 우리의 의식은 "기억의 층"으로 쌓여 있다. 어릴 때 어머니를 잃은 박효석 시인은 허무함과 절망뿐인 '있다'와 '없다'의 경계선에 서 있다.

나에겐 어머니가
있다
없다

네 살 때 6.25전쟁으로 돌아가셨으니까
기억에 없고
내가 세상에 태어났으니까
있다

평생을 있다 없다를 반복하며
쉴 새 없이 나를 드나드시는 어머니는

때론 신기루 같기도 하고
때론 끝없는 사막 같다

–「있다 없다」 전문

시인에게 어머니의 존재는 평생 잡을 수 없는 신기루이며 끝없이 황량한 사막이다. 어머니의 증거물인 "몸은 있다"이고 "기억은 없다"이다. 쉴 새 없이 드나드는 '있다'는 '현재'이며 '없다'는 '과거'이다. '있다'와 없다'의 거리는 얼마나 아득한가. 이해과정을 파악하기 위한 장치로 인용되는 해석학적 순환은 전체가 부분을 이해하는데 영향을 미치기도 하고 부분은 전체의 의미를 선취하는데 영향을 미친다고 한다. 독일의 철학자 '가다머'에 의하면 우리는 과거를 오로지 현재로부터 이해할 수 있으며, 반대로 현재는 오로지 과거로부터 파악될 수 있다고 하니 과거는 흘러간 후에 이해되는 것이고 과거를 거친 현재는 과거의 영향을 받을 수밖에 없다는 것이다. 과거의 단서들을 유추할 수 있는 공간은 어디에도 없다. 박효석 시인은 텅 빈 과거와 쓰라린 현재를 오가며 신기루와 사막을 만나고 있다. 기억의 "흘수선"에 침몰하지 않으려는 간곡한 의지를 덤덤하게 토로한 「있다 없다」는 감정을 절제함으로 더 큰 울림을 주는 수작이다.

토란 나물을 먹으며
토란 잎을 폴짝폴짝 뛰어다니던
청개구리처럼
세상을 마냥 뛰어다니던
철부지 시절을 생각하며
해 쨍쨍하기 그지없는 여름 한나절
여우비처럼 토란 잎에 내리던

빗소리를 들으며

더운 세상을 뛰어 다니다
한걸음에 달려와
어머니 품에 안겼을 때의 시원함처럼
토란 나물을 먹으며
토란 잎에 내리던 그때의 빗소리를
다시 음미하는 것은
불후의 명곡을 또다시 듣는 것 같은
행복이다

–「토란 나물」 전문

세상에! 불후의 명곡이 기껏 토란 잎에 내리던 그때의 빗소리라니. 하지만 필자는 무릎을 친다. 토란 잎에 내리는 빗소리를 잘 알고 있기 때문이다. 우산처럼 널따란 토란 잎에 후드득 떨어지는 빗소리에는 싱싱한 흙냄새가 묻어있다. 토란 잎을 구르는 빗방울과 달아오른 한낮의 식어가는 숨소리에 흙물이 얼룩져있다. 산으로 들로 청개구리처럼 뛰던 아이들, 느닷없는 여우비에 비를 피해 달려든 곳은 토란 잎보다 넓은 어머니 품이다. 그 빗소리에 두 팔 벌려 달려오는 비에 젖은 아이와 어머니가 있다. 반갑게 안아주던 어머니 냄새를 시인은 기억하는 것이다. 비를 좋아하고 땡볕을 좋아하는 토란은 예부터 옹골차고 매끈해 '알토란'으로 불리었다. 땅에서 자라는 알卵이라 하여 토란土卵이다. 줄기는 나물로 먹으니 버릴 데가 없는 식물이다. 시인은 토란 나물를 먹으며 토란 잎을 두드리던 빗소리와 젖은 몸을 안아주는 어머니를 생각한다. 정작 안아줄 어머니는 곁에 없으니 친구의 어머니이거나 흔히 만나는 이웃의 어머니였을 것이다. 허물

없이 흙감태기 옷을 보듬어줄 품은 어머니뿐이다. 그때 달려가 안기고픈 그 품은 시인의 기억 속에만 존재한다. 눈부신 햇살을 가로지르다가 금세 사라지는 여우비처럼 그렇게 사라지는 어머니는 화자의 가슴에 "잠재된 그리움"이다. 잠재성을 현실성으로 바꾸는 작업에 상상이 접목되고 토란대에서 파생되는 아름답고 슬픈 기억들이 사금파리처럼 반짝이고 있다. 색채의 마술사인 프랑스 화가 '마티스'는 "각 부분의 합리적 관계를 발견하는 순간 그림 전체를 다시 시작하지 않고서는 붓 자국 하나도 추가할 수 없다"라고 하였다. 이 작품을 마주하는 순간, '마티스'의 심정을 이해하게 되었다. 분야가 다른 과학과 예술이 창작 과정에서는 유사점이 많다는 것인데 「토란 나물」에서 보여주는 시의 골격은 헐렁한 듯하지만 뜻밖에 치밀한 설계로 짜여있다. 이 작품을 읽는 동안 시인이 불러온 빗소리에 흠뻑 젖게 된다.

어머니 점심 잡수셨습니까
이맘때쯤이면 어김없이 나는 보리빵 세 개와 우유 200ml를 먹으면서
어머님이 살아오신 망망대해를 앞에 놓고
혼자 시름에 겨울 어머님을 생각합니다

햇살은 얼마나 비추고 있고
동백꽃은 피었는지요
눈만 뜨면 가족들은 뿔뿔이 제 갈 길을 가고
당뇨병을 앓고 있는 저는 맨 마지막으로
보리빵 세 개와 우유 200ml를 가지고
어머니 곁을 떠나면서
뜰 앞에 동백나무와

추녀 끝에 매달린 메주가 얼마나 곰팡이 피었는지
그 냄새를 맡으면서
어머니의 얼굴을 떠올린답니다

나이를 먹으면 영혼의 부피가
잘 익은 장처럼 맛깔스러워지는지요
세월을 차곡차곡 쌓아서
양지바른 햇살로 잘 쬐어 익혔다가
사는 재미 못 느끼고 헤매일 때 한세월 듬뿍 떠서
맛깔나게 썩썩 비벼주는가 하면
눅진 세월 푹푹 끓여서
주눅 들지 않게 살아오신 세월
아낌없이 따뜻하게 맞아주시는 어머니

펼치면 팔만대장경보다 더 넓고 깊어서
어찌 그 마음을 다 헤아릴 수 있겠는지요
퍼 담아도 퍼 담아도 줄지 않는 그 세월 줄기 곁에서
곁가지로 싹눈 틔고 어머니가 비춰주는 햇살 받아
바라보시기에 좋은 동백꽃으로 피고 싶은
그 소망을,

어머니 점심 잡수셨습니까
홀로 계실 땐 드시는 것도 대충대충 때우고
피붙이가 곁에 있어야 그나마 맛있게 드시는 어머니
오늘 햇살은 얼마나 비추고 있고
동백꽃은 또 얼마나 피었는지요
―― 어머니

―「어머니 점심 잡수셨습니까」 전문

가난했던 시절 만나면 나누던 인사가 '밥'이었다. 당시 '밥'을 굶던 사람이 많아 '밥'은 먹었는지 먼저 안부를 묻곤 하였다. '밥'은 그저 '밥'이 아닌 "생사를 염려"하는 이웃 간의 따뜻한 정이었다. 「어머니 점심 잡수셨습니까」는 서글픔과 아름다움이 어우러진 비장미가 넘치는 작품이다. 동백꽃이 피는 아름다운 봄날, 추녀 끝에 매달린 메주는 곰팡이로 발효되고 봄은 다시 왔는데 메주를 쑤던 손길은 보이지 않아 뻿뻿한 보리빵을 베어 물며 목이 멘다. 역한 곰팡이 냄새마저 어머니의 냄새로 껴안는 효심이 돋보이는 작품이다. 시인은 객관적상관물을 활용해서 생활의 면면들을 구체적으로 그려내고 있다. 햇살, 추녀, 메주, 간장으로 어머니의 일상과 생활반경 등 이미지를 집합하여 생전의 모습을 보여준다. "곁가지로 싹눈 틔고 어머니가 비춰주는 햇살 받아/ 바라보시기에 좋은 동백꽃으로 피고 싶은/ 그 소망을"에서 알 수 있듯이 어머니는 생의 중심에 서 있다. 당뇨병을 앓고 있는 시인은 보리빵 세 개와 우유 200ml의 조촐한 점심을 들고 피붙이가 곁에 있어야 맛있게 드시는 돌아가신 어머니의 끼니를 걱정하고 있다. 하지만 시인이 숨겨놓은 "밑그림"이 있다. 정작 위로를 받고 싶은 것은 시인 "자신"이다. 맛없는 빵으로 끼니를 때울 때 "밥은 먹었느냐"고 위로해주던 그 따뜻한 한마디가 한없이 그리운 것이다. 어머니는 시인이 "위로할 대상"이기도 하고 "위로를 받을 대상"이기도 하다. 시인이 묻는 "어머니 점심 잡수셨습니까"는 "어머니 지금 점심 먹고 있어요"로 읽어도 무방할 것이다. 이처럼 바라보는 시각에 따라 "다의적으로 풀이"되는 「어머니 점심 잡수셨습니까」는 "일관된 주제"를 다양하게 보여주는 "섬세하고 면밀한" 시인의 호흡을 느낄 수 있는 작품이다.

흐린 날에는 자궁 속에서 영원히 잠을 자고 싶다
뜨뜻한 아랫목 그곳으로 돌아가고 싶은 날
밖에는 녹슨 기관차 베이스 같은 저음低音 깔리고
할 일 없는 날들이 하루 운수 화투를 친다
占을 보다 길을 잃은 새들이 저음에 젖어 패가 나지 않을 때
둥지로 돌아갈 길은 아직 멀다
세월을 마시며 꽥꽥 소릴 질러 보아도
전혀 고음高音 처리가 되지 않고
고아원 대문 앞에서 전쟁을 예보하는
장마전선 같은 저음의 대포소리를 듣는다
자궁이 닫힌 어머니를 그곳에서 만나고 돌아오는
오늘은 일기 불순
아랫목이 차가워진다

―「아랫목」 전문

아랫목처럼 따뜻한 자궁은 어머니와 그리움으로 이어진다. 닫혀있는 어머니를 만나고 오는 날은 아랫목도 차갑다. 녹슨 기관차, 고아원, 저음의 대포소리는 장마전선을 예고하는 우울한 회색빛이다. 전쟁통에 어머니를 잃은 내면에 잠재된 기억은 소리를 질러도 고음처리가 되지 않는다. 시인은 우울한 "기억을 설계하고" 결과물을 지면에 "효과적으로 배치"한다. 접근할 수 없는 관념적이고 추상적인 대상도 그의 손을 거치면 모습을 드러낸다. 아무도 기억할 수 없는 최초의 집, 잠재적으로 은폐된 "자궁의 온도"를 기억해낸 것이다. 운수 화투를 치고 점을 봐야 하는 불안한 미래는 퍼즐 조각처럼 흩어져 있다. 서로 뒤섞인 조각들을 망연히 바라봐

야만 하는 상호관계가 비선형적인, 예측이 불가한 환경에서도 시인은 절망하지 않는다. 아득한 기억 속으로 걸어 들어간 날은 자궁이 닫힌 어머니를 만날 수 있다. 분리된 시간의 영역을 넘나드는 형언할 수 없는 미완의 기억들, 아직도 "규정되지 않은" 어렴풋한 기억은 혈연으로 다시 이어진다. 「아랫목」은 마침표가 아닌 시작점이다. 최초로 돌아가 쉬고 싶은, 아니 다시 태어나고 싶은 갈망이 아랫목에 눅진하게 녹아있다.

지금까지 내가 흘렸던 눈물이
얼마인지 아느냐고 말하던 내가
바다에 가서 말문이 막히는 것은

무한대의 눈물이 끝없이 펼쳐져 있는 바다 앞에서
내가 무슨 말을 할 수 있으랴

사랑한다는 말 대신
어머니 눈가를 촉촉이 적시던
눈물 속에서 반짝이던 미소처럼
바다가 속눈썹을 깜박깜박할 때마다
사금처럼 반짝이는 햇살을 부리에 물고
바다 위를 자유자재 평화로이 날고 있는
갈매기들을 보면

평생, 자식들이 세상에서 자유로이 헤엄칠 수 있도록
눈물을 미소처럼 반짝여 보이시던
어머니의 사랑을
이제야 알 수 있을 것만 같다

–「바다를 보며」 전문

눈물은 “마음의 피”라고 한다. 눈물은 말간데, “피눈물”이 흐른다고 한다. 오래 고인 슬픔은 쓴맛이 난다. 눈물 속에 마음이 깃들어 있기 때문이다. “지금까지 내가 흘렸던 눈물이/ 얼마인지 아느냐고 말하던 내가/ 바다에 가서 말문이 막히는 것은”에서 시인은 혼자 감당한 어머니의 슬픔과 어떤 슬픔도 보듬어주던 깊은 사랑이 무한한 바다 같음을 알 수 있다. 시인은 “슬픔의 통점”을 건드려 작품 속으로 침잠沈潛한다. 예술이란 상상력을 펼쳐 주변을 자신의 놀이에 주저 없이 끌어들이는 “놀이터”와 같다고 하였다. 시인은 자신이 벌여놓은 놀이에 집중한다. 미시적 관점으로 “삶의 본질”에 다가가 무언가를 건져 올리는 시인에게 슬픔은 슬픔 “그 이상의 의미”를 지닌다. 박효석 시인의 놀이터에는 늘 어머니가 존재한다. 독일의 사상가인 ‘아도르노’는 물질만능주의 시대에서는 예술이 유일한 안식처라고 하였다. 세상을 구성하는 각각의 요소들이 그 주변과 얽혀있듯이 박효석 시인에게는 시가 있고 시의 중심에 안식처인 어머니가 있다. 사라진 어머니는 어디서나 존재한다. 서로 바라보는 두 개의 시선으로 소통의 통로가 생겨난다. 회한이 깃든 「바다를 보며」는 측량할 수 없는 사랑의 깊이를 드러낸 작품이다.

색경에는
어머니의 반듯한 가르마가 들어있다

색경에는
어머니의 단정한 쪽머리가 들어있다

색경에는
어머니의 단아한 얼굴이 들어있다

색경에는
어머니의 정숙한 옷고름이 들어있다

색경에는
어머니의 처녀 때의 꿈이 들어있다

색경에는
어머니의 신혼 같은 사랑이 들어있다

색경에는
어머니의 깨진 꿈과
베갯잇을 적시던 눈물이 들어있다

색경에는
시름으로 깊어진 어머니의 주름살이 들어있다

색경에는
어머니의 희로애락의 일생이 들어있다

–「색경」 전문

어느 작가는 경쟁사회에서 생존에 필요한 기표 중에 언어가 차지하는 비중은 절대적이어서 무의식과 분리될 수 없는 필연성을 제시하기도 하였다. 의식할 수 있는 한계, 즉 의식역意識閾을 벗어난 무의식은 소멸해 버리는 것이 아니라 의식하意識下에서 의식이 되도록 대기 중이라고 한다. 잠재된 의식의 밑바닥까지 끌어올려야 하는 시 쓰기는 비가시적非可視的인 영혼의 소리까지 채집하고 사물이 지닌 본질, 원형적 가치를 추구하는 일이어서 인간의 정서 함양에 영향을 미친다. 시인의 다양한 경험은 자극제가 되어 다채로운 상상을 유발하기에 스스로 질문하고, 답을 찾아가는 과정이 필요하다. 새로운 것을 담아내기 위해 시인은 익숙한 장면을 배제하고 "객관적인 시선"으로 대상에 접근하고 "적극적 개입"을 시도한다. 공간에 없는 풍경을 실제처럼 재현하고 그 공간에 참여해 현실에 존재하는 "비현실적 순간"을 기록하며 "가상의 느낌"을 체득한다. 이때 과거와 현재를 넘나들며 재탄생된 경험은 관찰의 각도에 따라 여러 갈래의 작품으로 파생된다. 「색경」은 단순히 반복의 형식으로 구성되어 있지만 울림이 큰 작품이다. 거울과 여자는 평생 뗄 수 없는 관계이고 거울은 여인의 분신 같은 소품이다. 박효석 시인은 거울 속에 "어머니 이전"의 꿈 많은 여인을 보았다. 어머니도 이전엔 아리따운 한 여인이었다. 깨진 꿈과 베갯잇을 적시던 눈물과 시름으로 깊어진 주름살이 거울에 적혀있다. 「색경」은 아름다운 꿈이 "퇴색되어 가는 과정"을 거울을 통해 차분히 보여주고 있다.

한 여인으로 살기보다 "엄마로 살기"에는 이 세상은 녹록치 않다. 엄마라는 이름 속에는 "희생과 눈물"이 숨어있다. 이름도 사라지고 그저 "누구의 엄마"일 뿐이다. 엄마이기에 정작 자신의 "슬픔과 고통"은 밀어두고 보듬어야 할 것들이 너무 많기 때문이다. "모성과 사랑"이라는 주제로 큰 강을 이룬 박효석 시집은 우리의 가슴을 관통하며 유장하게 흐르고 흐른다. 사람과 사람 사이 믿음과 사랑은 부재중인 효孝가 무너진 이 시대에 시집 『엄마라는 이름으로』는 메마른 영혼을 촉촉이 적셔줄 단비가 될 것이다.

그림과책 시선 180

엄마라는 이름으로

초판 1쇄 발행일 _ 2018년 8월 8일

지은이 _ 박효석
펴낸이 _ 손근호

펴낸곳 _ 도서출판 그림과책
출판등록 2003년 5월 12일 제300-2003-87호

110-814 서울 종로구 통일로 272, 210호(송암빌딩)
도서출판 그림과책
전화 (02)720-9875, 2987 _ 팩스 (02)720-4389
도서출판 그림과책 homepage _ www.sisamundan.co.kr
후원 _ 월간 시사문단(www.sisamundan.co.kr)
E-mail _ munhak@sisamundan.co.kr

ISBN 978-89-94753-79-9(03810)

값 12,000원

이 도서의 국립중앙도서관 출판예정도서목록(CIP)은 서지정보유통지원시스템 홈페이지(http://seoji.nl.go.kr)와 국가자료공동목록시스템(http://www.nl.go.kr/kolisnet)에서 이용하실 수 있습니다.(CIP제어번호 : CIP2018023709)